AF259806

SONGE

DE

LOUIS XIV.

du 22 du mois d'Aoust. l'an 1706.

Jour de la prise

DE

MENIN.

A COLOGNE,

Suivant la Copie imprimée

A PARIS.

SONGE
DE
LOUIS XIV.

du 22 du mois d'Aoust l'an 1706.

Jour de la prise
DE
MENIN.

LE vint & deusiéme d'Août, sa Majesté tres-Chrêtienne étant sortie du conseil, où elle avoit assisté, afin de donner les ordres necessaires tant pour l'Armée, que pour le reglement

de l'Etat, elle se rendit vers le
soir dans la chambre de Madame de Maintenon : ce grand Mo-
narque ne trouva jamais personne
plus propre qu'elle, à chasser de
son esprit les chagrins, que la si-
tuation presente des affaires luy
cause tous les jours, & à se rafer-
mir des allarmes continuelles que
lui donne la vigilance de ses
puissans ennemis. La plus grande Politique par la quelle cette
Dame à seû se conserver pendant
si long tems dans l'esprit du Roy
a été de le divertir comme il
le souhaite, & cela toujours à
propos : aussi est elle seule capable d'eloigner la Melancholie
noire du Roy laquelle ne peut
être, que fort extraordinaire depuis le commencement de cette guerre. Aprés donc que le
Roy eut demeuré assés long-
tems

tems reveur auprés d'elle fans
parler, Madame de Maintenon
ne pût s'empecher d'interrom-
pre fa reverie , pour luy demander quel en étoit le fuject;
Sire , luy dit elle : comme je fay,
que vos ennemis font incapables
de Vous donner de l'inquietude,
oferay je demander, fi vôtre Majefté eft incommodée, ou puis
je favoir, s'il y a quelque chofe qui
la rende penfive ? Je Vous
avoüe Madame, repondit le Roy,
que je fuis plus chagrin que ma-
lade; mais Vous devés être per-
fuadée, que ce ne font pas mes
ennemis, qui en font la caufe &
les murailles de Turin, prêtes à
tomber me difent, de ne penfer,
plus qu' à renouveller mes con-
quetes : Je ne fay cependant ce
qui me met dans l'état où je fuis
dumoins fi je le fay, cela me pa-

A 3 roit

roit une foiblesse trop grande
pour devoir avoüer, que ce soit
un songe, qui m'inquiete. Mais
puis-je avoir quelque chose de
caché pour Vous dont les conseils,
& les consolations font des reme-
des immanquables aux maux que
l'on sent. Ce seroit faire tort à vôtre Majesté, repliqua Madame de
Maintenon, que de luy dire,
que ces sortes d'impressions, qui
se font sur nôtre imagination
pendant la nuit, ne nous doivent
point troubler pendant le jour,
puis qu'elle sait le peu de fonde-
ment qu'elles ont. S'il plaisoit cependant à vôtre Majesté de se divertir l'Esprit en racontant l'etran-
ge vision, qui a arreté le premier
des Heros nous ne manquerons
pas d'essayer d'entirer des instru-
ctions aussi concluantes, que pourroit faire les meilleurs Astrologues
de

de Paris. La fineſſe & la péné-
tration de vôtre eſprit, vous ſer-
viroit du moins auſſi bien que
leur art, luy repliqua le Roy,
Vous ſaurés donc continua-il,
que m'étant couché hier quelque
tems après avoir vû repreſenter
l'opera de Perſée je me laiſſai al-
ler à un ſommeil qui me donna
moins de repos, que je n'en avois
avant m'être endormy, puiſque
je n'eus pas plûtôt fermé les
yeux, que Mr. de Vauban ſe
preſenta devant moy dans un
état capable de cauſer de la ſur-
priſe, autant que de donner de
la pitié. Il me ſembloit voir ce
venerable vieillard couvert de
triſteſſe, & accablé de dou-
leur: ſes yeux egarés, ſon viſa-
ge poſſedé tantôt par la crainte,
tantôt par la rage, ſes pas inter-
rompus & ſes frequentes diſtra-

 ctions

œtions marquoient affès la grande
agitation dans laquelle étoit son
ame. Etonné de le voir en cet
état il me fembla, que je luy demandai d'une maniere un peu im-
patiente ce qui luy étoit arrivé.
Sire, me repondit il, Vôtre Majefté connoit ma fille unique, elle n'eft plus en ma puiffance, un ra-
viffeur, qui avoit fans doute pris
des mefures depuis long tems, l'ayant trouvée fur mes terres, où elle fe croyoit en feureté, l'a en-
levée, fans qu'elle ait pû luy re-
fifter. Jugés, Sire, jugés main-
tenant de mon état: je m'affure
même, après les bontés que V.
Maj: a eu pour ma fille, & entr'au-
tret celle de la vouloir metre à
l'ombre de la famille Royale, en
agréant les affiduités, que Monfieur de Vendôme a pour elle,
après dis je de fi grandes mar-
ques

ques de vôtre bonté, je ne dou-
té pas que vôtre Majesté n'entre
dans la peine, où est un Pere
qui perd une si chere fille. Vous
êtes trop bien instruite, Madame, continua le Roy, des rai-
sons qui m'ont porté à avoir une
tendresse, aussi forte que naturel-
le pour cet enfant : Vous savés
trop bien aussi les intrigues dont
on a parlé entre sa & moy,
pour qu'il soit necessaire de m'ê-
tendre la dessus: Pour retourner
donc à Monsieur de Vauban, il
me sembla, que je luy ordonnay
de dire à Monsieur de Vendôme, qu'il eut à courir incessam-
ment après ce hardy ravisseur.
Aussi tôt Vauban execute mes
ordres, pour faire partir Monsieur de Vendôme en toute diligence. Mais ma seconde sur-
prise surpassa ma premiere, lors-

que

que je vis entrer ce Prince couvert de poussiere & accablé de tristesse. Je luy demandai, d'ou il venoit, & si j'etois obëi ; il me repondit en gemissant, en & baissant les yeux, que si je ne l'etois pas , c'etoit plus par malheur, que par faute de bonne volonté, ou de diligence puisqu' il venoit de faire plus de 200. lieües pour tâcher d'atteindre le ravisseur. Et que comme il avoit appris, qu'il devoit passer par un certain defilé, il l'y avoit attendu pour punir sa presomtion, en luy faisant connoitre par une triste experience, la force de son bras ; Mais que dans le tems où il vouloit ajouter à ses paroles les effects , il s'etoit trouvé si soudainement saisi d'une paralysie au bras droit, qu'au lieu de tirer son coup il fût obligé de se retirer au plus vite

pour

pour empécher son Ennemi, de
profiter de cet avantage & pour
pouvoir en même tems, me faire connoître l'homme, qui avoit
si bien sçu debaucher sa maitresse, que de luy faire consentir de
l'abandonner entierement. Il
l'avoüa, que son rival ne lui
parut, que trop brave, & qu'ap-
paremment si on en vouloit avoir
raison, on n'en tireroit gueres
autre chose que des coups. Sur
cela Vauban ayant entendu le
recit de Vendôme il luy repondit un peu durement, que sans
doute le principe de cette maladie subite venoit du cœur &
des parties nobles, qui étoien
corrumpues depuis long tems,
& que dans un tel cas se bâtre
pour une maitresse, ou pour quelque autre raison, étoit un exercice
fort contraire pour sa santé. La sur-

prise

prife de Vendôme fût affès grande, pour attacher mon efprit de
telle forte, que j'en fus-reveillé &
que J'en perdis de vûe mon fonge. Mais comme la fille de Vauban promifé à Vendôme, & prife
par cet illuftre etranger, pourroit
bien etre l'Andromede de Phi-
née, dont Perfée demeura le maître dans l'opera de hier au foir,
j'ai refolu, après vous avoir dit le
fonge, de n'y plus penfer. Sire re-
pliquà Madame de Maintenon la
fille de Monfieur de Vauban, qui
a pû donner de l'inquietude à vôtre
Majefté, dans le fonge, fe porte
affès bien, comme j'en ai receu
la nouvelle tout à l'heure, &
elle ne tardera pas à venir tirer
Vôtre Majefté de fon embaras
Cependant repliqua le Roy,
vous pourrés vous acquitter de
vôtre promeffe, & je ferai char-
mé,

mé, de vous voir auffi bien reuïf-
fir en predifant l'avenir, que vous
le faites en confeillant dans les affaires prefentes. Je vous avoüe,
repondit Madame de Maintenon,
que mon coup d'effay me paroit
affès difficile, pour devoir meri-
ter le nom de coup de maître, s'il
a du fuccés. Mais il faut vous
obëir; je le ferai pourtant en pro-
pofant comme douteux, ce qu'un
Aftrologue plus hardy pourroit af-
furer comme certain. Il me femble
que Mademoifelle de Vauban pourroit bien tenir lieu d'une certaine
ville, que Mr. de Vauban n'aime
pas moins que fes propres yeux,
puis que c'eft là fon ouvrage favori,
& pour ce, qui regarde l'inclina-
tion que vôtre Majefté a toûjours
eu pour cette ville, vous la favés
mieux que moy, & vous en fça-
vez en même tems les raifons. Je

croy

croy donc , que la fille pour la conſervation de la quelle vôtre Majeſté a pris tant de ſoin, eſt la ville de Menin. Monſieur Vauban ſe vante hautement que c'eſt là ſon chef d'œuvre où il a employé tout ce qu'-il a pû imaginer de plus recherché dans les Mathematiques & de plus rafiné dans les fortifications , & comme c'eſt la ſeule ville, qui pourroit l'emporter ſur les ouvrages de Monſieur Coehorn on diroit, que pour braver cet Ingenieur, il a voulu faire voir quelque choſe d'linfiniment plus regulier que Bergenopzom , qui a été toujours la piece favorite de Coehorn: vôtre Majeſté a approuvé ſon deſſein, parce que cette ville eſt comme la porte de tout le pais conquis ; & comme ce pais là a tres-bien accommodé vôtre

Ma-

Majesté dans les gueres passeés, cela la pourroit beaucoup l'incommoder à present, si l'ennemi se faisoit un passage par Menin à l'Isle. Il me semble donc que toutes les circonstances du songe sont faites pour signifier cette ville, qui ne merite pas moins vôtre tendresse que la fille de Vauban, puis qu'aussi bien à parler plus clairement l'une & l'autre peuvent être vôtre ouvrage. Nous ne sommes même que trop assurés que les ennemis de vôtre Majesté sont continuellement occupés à battre la place, & qu'ils poussent leur siege avec vigeur & si nous sommes si malheureux, qu'elle ne puisse pas bien resister a la force de leurs armes, il ne faut pas s'etonner d'un coté de la tristesse de Mr. de Vauban, qui voit renverser ce quil a fait de
meil-

meilleur, ni être surpris, de l'autre, s'il s'en prend à tout ce qui ne s'est pas opposé à la perte de sa Gloire : c'est ce que la tristesse de Monsieur de Vauban aussi bien que sa dispute avec le Duc de Vendosme semblent nous marquer, comme un triste presage pour la France du succés de l'entreprise des Alliés. Je tremble même, que la maladie de Mr. de Vendôme, dont vous m'avez fait le recit, ne nous predise qu'il n'a pas été plus heureux en tâchant de relever le courage agonisant des François, qu'il vous a paru l'avoir été en s'opposant au ravisseur de la fille de Vauban, & Dieu veuille, que son retour auprés vôtre Majesté lorsque, il étoit dans un état, si peu convenable ne signifie par outre la prise de Menin quelqu' autre disgrace

aussi

aussi insupportable que celle que Villeroy a souffert à Ramilly. Je pourrois même . . . . . . De grace, Madame interrompit le Roy à demy en colere, obeïssés moy avec moins d'exactitude un autre fois, sur tout, quand vous aurés, des predictions de cette nature à me faire. Sire, repondit Madame de Maintenon, j'espere que vôtre Majesté se ressouviendra des conditions, sous les quelles je me suis engagée à devenir Astrologue & que mon explication doit passer dans l'esprit de Vôtre Majesté plûtôt pour des conjectures Chymeriques, que pour des Propheties bien fondées, & même il n'est pas probable, que celuy à qui vous avez commandé de vaincre, puisse demeurer immobile, & encore moins qu'il puisse être vaincu. Je

vous

vous assure, repliqua le Roy, &
quelque chose que vous me pre-
disiés & que je puisse souhaiter,
je ne puis pas m'empecher de
craindre pour une place d'une si
grande importance. Si je ne ga-
gne point l'Espagne, ce n'est seu-
lement qu'une conquéte à la
quelle je suis obligé de renon-
cer : Mais si je perds Menin,
l'ennemy est en France & mes
propres états sont en danger.
Sire, repondit Madame de Maintenon, c'est ce dont vôtre Majesté doit prendre le moins d'om-
brage, & tout semble conspirer
à r'animer les troupes de vôtre
Majesté; elles sont nombreuses,
commandées par un grand Ge-
néral, qui est du sang du plus
Illustre de vos ancêtres & le
jour de Saint Louis, qui a depuis
si long tems fourni à l'histoire

des

des actions memorables, & dont nous sommes presque à la veil-le, ne manquera pas de nous montrer de grands effects du courage, qu'il aura ajouté à ce-lui de Monsieur de Vendome. Madame de Maintenon eut à peine achevé, qu'on vint avertir le Roy, qu'il étoit arrivé un courier, qui apportoit la facheuse nouvelle de la Capitulation de Menin, dont la Guarnison devoit sortir le jour de Saint Louis. Treve Madame à vos predictions, dit le Roy, en sortant brusque-ment de la chambre de Madame de Maintenon, & il se retira en donnant ordre, que personne ne luy vint parler ce jour là, pour pouvoir sans doute benir à son ai-se egalement le songe l'Astrolo-gue & le courier, qui luy avoit apporté la nouvelle.

F I N.